마가린 공장으로 가요, 우리

마가린 공장으로 가요, 우리

김선미 시집

포지션

* 한 연이 다음 쪽의 첫 행에서 시작될 때는 '〉'표시를 함.

시
인
의
말

신경질을 부리며 꽃은 핀다

2017. 여름
김선미

차례

제1부

자연사박물관 12
나는 두 손이 있어 불안합니다 14
非子 16
고가도로를 달렸다 19
질문 있는 사람 22
선미 24
눈의 결정 26
정선호 28
산불진화훈련 30
식사 32
이상해씨 34
종아리, 물고기, 돌 35

제2부

문화생활　40

93.1　42

당인리발전소　45

기는줄기　46

율리시스의 노래　48

나의 구강구조　51

생일　52

내 머리는 자주 넘어진다　53

농번기　54

한가해서　57

보이지 않는 곳에서　58

모래가 운다　60

해를 보러 떠난 사람들　62

제3부

검정 비닐봉지 66

사명대사 68

바다가 육지라면 70

높이뛰기 72

여배우 74

코넬리아디란지 증후군 76

투견 78

정가네 정육점 80

오렌지 83

해 나다
비 오다 84

동남향 86

인사나 하려고 88

제4부

숲　92

새엄마　94

여름 1　96

이달의 우수사원　97

1초가 늘어난 그해에 나는　98

스타벅스 티슈　100

사실　103

옆구리운동　104

여름 2　107

잉크가 떨어졌어요　108

복숭아의 안쪽　110

팝콘들　112

해설 여름의 세계도(世界圖) | 안서현　116

제1부

자연사박물관

당신에게 당신의 얼굴은 가장 외로운 부위

당신은 발목이 빨갛게 익어간다
뼈에게 주소를 묻고
온전히 가루가 되지 못한 뼈를 들고 곱게 빻을 걸 그랬다고 생각했다
선반에 올려놓기도 했다
욕조 물에 담가놓았다가
당신의 유골단지를 들고 당신은
내가 당신의 일곱 번째 얼굴로 웃었을 때

슬프지도 기쁘지도 않게
풍경이 된다 뼈는,

공룡으로 악어로 웃으면
뱀으로 웃으면
당신은 당신의 얼굴을 하고 나는 당신의 열한 번째

다른 얼굴을 하고

　두개골은 왜 이빨을 다 드러내고 웃고 있는 걸까

　어느 날은 꽃을 만들고
　어느 날은 뼈로 파도 소리를 내고
　일으켜 세운다
　살았을 적 모습으로 누워 있는 뼈들

　당신은 당신의 얼굴을 떼어낸다
　반복적으로

　생각하는 뼈는 불면이다
　대부분 친절하다
　뼈들은 하얗고
　누군가를 기억하는 건 그런 거다
　나는 뼈를 보러 간다

나는 두 손이 있어 불안합니다

  풀린 리본은 리본이 아닙니다, 옳지도 그르지도 않
지만

  매달려 있습니다
  왼쪽 가슴이나 오른쪽 옆구리 부츠 뒤쪽에 알지 못할
징후로 경계로
  내가 맞은 모든 비는 내게로 와서 온통 꽂힙니다 비의
동선이 내 몸에서 돌고 돌아

  그럴 때마다 비는 내렸고
  선이 엉켜 목을 죄어도 같은 방향으로만 돕니다
  분명한 개는 언제나 배가 고프고 배가 고파서 꼬리를
흔들고 짖습니다 선은 흔들리거나 팽팽해지고

  리본은 나비 같고 꽃 같고 덧붙인 삶 같습니다 그러나
나의 손은 리본에서 자꾸 미끄러지고
  옳고 그름을 떠나서

나의 리본은 풀립니다 분명하고 싶어
비는 사선을 긋고

선들이 움직입니다
외출을 해야겠고 해야 해서 비가 옵니다
비의 사생아처럼 나의 두 손이 생깁니다
비어 있는 개의 밥그릇이 생기고
먹구름이 엉키고
토드증후군처럼,
나를 풀어놓은 그곳에

非子

1.

非는 非의 그림자를 갖고 있고 非가 아닌 것은 非가 아닌 것의 그림자를 갖고 있다
사철 푸른 나무라고 해서 푸름에 연연해 하지 않는 건 아니다
저녁이 혈통처럼 몰래 찾아온다
죽지 않은 사람의 액자를 미리 걸어 놓고 나는 밥을 먹는다
너무 순수하게 불러서 순간 대답할 뻔했다
아버지는 나를 부른다

2.

나는 비자나무와 개와 죽은 할아버지와 친분을 유지했다

온몸에 非자를 달고 도리질 치는 것이 우리 가문의 전통

할아버지는 내가 태어나기도 전부터 액자 속에 있었다 할아버지 집은 애초부터 액자였다 액자는 액자를 낳고 액자들은 씨족공동체처럼 나란히 걸려 있었다

나는 아버지의 아들이 아니고 딸도 아니고 개도 아니다 자라날 때마다 나는 나의 형태를 갖추었지만 그건 점점 아닌 것이 되는 일이었다

아버지 손은 개의 발 모양과 닮았다 할머니가 아버지를 배고 잡종 비글을 잡아먹었다고 했다 다행히도 나는 아버지와 닮지 않았다

非의 혈통을 갖는다는 것

3.

지나가던 개가 내 얼굴을 핥고 간다
내 몸으로 非가 쏟아진다

非와 非 사이로 햇빛이 비친다
非에 새가 앉았다 간다
非가 부서진다
非가 뒤집힌다
非가 흔들린다
온몸에 非자를 무수히 달고 있는 나무
비자나무가 나를 배고 서 있다

고가도로를 달렸다

고무장갑이 힘없이 찢어져
고가도로를 달렸다
고무장갑이 녹아서
하던 걸 멈추고 여름이 지났다
과도하게 속도에 집중했다
끈적거리며 빨간 손이 여기저기 묻었다

나는 왜 고무장갑을 고가도로와 관련이 있는 것처럼 쓰고 있나
계획에도 없이
우리는 저마다 기둥을 세우고 있나
기둥은 기둥과 나란히 세워질 때 지탱할 그 무엇을 가늠할까 오래전 신들이 떠나간 자리엔 몇몇 기둥만

속도와 간격과 비례와 넓이와 미와 무게와, 구하는 일들

고무장갑은 잘못 구한 물건이었다, 실수로
만들어지는 것들 속에 인류가 있다면

계획과는 다른 용도로 쓰이고 있다면
차카게살자 라는 문장은 건달들의 팔에 새겨져야 빛
을 발하듯
고무장갑이 주방에 욕실에 매달려
나의 잘못을 구한다면

한때는 없으면 도심이 무너질 것 같았던 기둥
개들이 한쪽 다리를 들고 오줌을 싸고 지나던 행인이
토악질을 해댄다 또 누군가는 떠난 신을 불러들이듯 막
걸리와 꽃과 식량을 갖다 바치고

찐덕거리는 빨간 얼룩으로 나는 어디에든 붙어
의도치 않게 잘살고 있다

고가고로가 사라지는 시절
구하는 일을 멈추고
나는 고무장갑을 사러간다
교차로를 지나며
높은 길들은 애초에 없던 것처럼

질문 있는 사람

한 손을 자신의 머리 무게만큼 들고 서 있는 사람들은 모두 엄마에게서 태어났다

구조대원은 모두 집으로 돌아갔고 나도 망루에서 내려와 집으로 돌아가고 싶었다

한 걸음 오를 때마다 폐에서 공기가 빠져나갔다

끝이 잘려나가는

바람이 불 때마다 손에서 녹이 떨어져 나갔다

해변에 놓여 있던 철제사다리를 보고 온 날 엄마는 복통을 일으켰고 나는 망루 위의 깃발처럼

한 손을 들고 서 있었다 엄마에게서 태어났으므로

나는 너울성 파도였고

덜 익은 오렌지밭 한가운데였다

마땅한 대답을 못 들은 사람들처럼

옆 사람도 그 옆 사람도 번쩍 든 것도 안 든 것도 아닌 자세로

버스 손잡이를 붙잡고들 있다

선미

  나는 구두 장식을 판다

  장식은 맨몸이다 동그랗다 네모다 천이다 가죽과 플라스틱 꽃이다

  만지면 차갑고 이질감이 느껴진다 외로움은
  그런 순간에 찾아온다 구두의 코에 매달리거나 등에 옆구리에 아니면 뒤꿈치 쪽에 창 밑까지

  나의 사주에는 쇳덩어리가 들어 있다 그것은 시인이나 교수보다 훨씬 사실적이다
  저울 위에
  비명처럼 쇳소리 펄떡이고
  나는 눈금을 읽는다

  가식이나 허세여서 좋다
  신체의 일부가 되길 원한다

〉

  할머니는 쌀독을 털어 장식을 사고 당집에 갔다 나는 쌀독을 채우는 슬픈 엄마를 외면하고 신기神氣 가득한 할머니의 구두를 신고 놀았다

  최초로 몸에 장식을 달기 시작한 사람의 기분은 어떤 것이었을까
  주문을 외듯 손가락에 목에 귀에 장식을 건다
  죽어서도 나의 외로움이 부장품으로 남아준다면 좋겠다

  새로 만들 구두 위에 올려질 장식을 찾으러 누군가 또 내게로 온다

눈의 결정

물이 눈 속에서 얼어버릴 때

손을 잡아달라 했다 언니는 친구와 저수지 속으로 들어가며 산조차 고요할 때 둥둥 떠갈 때 손을 내밀어도 닿아지지 않을 때 점점 멀어져 갈 때 소리쳐도 소리가 되지 않을 때

물의 무늬가 결정지어질 때

잘못 거셨어요, 라며 끊었다 엄마의 울음소리를 못 알아들었을 때 그럴 리가 없을 때 다시 걸려왔을 때 죽음은 부정되지 않을 때 아버지, 상여에 꽃들이 커져갈 때 마당을 떠나려 할 때

온도의 차이는
피지 말아야 할 때 피는 꽃의 반성처럼 울지 말아야 할 때 눈물이 나오는 표정의 틈이다

〉
 떨어져야 할 때 떨어지지 못하는 물이 있다 굳어지느라 뻑뻑해질 때

 얼마나 많은 물의 무늬가 출렁거릴까
 눈으로 결정되기 위한,
 수면을 잡으려는 언니의 손과 끊어진 수화기를 들고 울었을 엄마의 울음 같은
 물 입자의 경우처럼

 더듬거리며 눈이 내게로 쌓여올 때

정선호

 엄마가 달아날까 봐 아니요 라고 말 못 했던 기억이 있다

 너의 선은 착할 선이 아니었니? 신선선이 아니고! 눈썹이 모두 하늘로 솟아 있는 스님 앞에서 엄마가 내게 물었다

 한 발 한 발 다가오는 정선호

 모르는 나라가 기타 치며 노래한다
 모르는 나라가 박자를 맞춘다
 모르는 나라가 노래한다

 나라라는 이름의 한 구성원으로
 이상한 나라, 한때 시인들은 모두 펜을 멈췄던
 기억하기에도
 기억하지 않기에도 덜컥, 목구멍에 걸려버리는

배의 이름 같기도 하다
정선호는 세월호 같은

빙 둘러선 정선호 속엔 캐리어를 든 외국인도 몇 보이고 기타 케이스에는 천 원짜리 몇 장 보이고
내가 누구? 정선호 내가 누구? 정선호 우리가 누구? 정선호 우리는 모두 정선호가 된다
무명가수가 노래한다 이름을 모른다고 이름이 없는 건 아니다

기타를 뒤집어 놓고 타악기로 변주한다
정선호가 기타 치며 노래한다
정선호가 박수 친다
정선호가

산불진화훈련

 갇혀 있는 물은 내부에서 길을 잃는다 서성인다 오랫동안 눈도 껌뻑이지 않고,

 친구 수빈이는 '내 동생은 아직 좀 모자란 아이인 채로 있잖아'라고 한다 나는 아직도 마을버스를 자주 놓치는 언니가 죽이고 싶도록 밉고

 엄마들은 대체로 바쁘다

 산불이 나길 기다리거나 가뭄이 들어 바닥을 드러내거나 아니면 홍수가 나 넘쳐흐르기를

 저수지에 앉아

 쉽게 바닥을 드러내거나 넘치면서 바깥을 자처한, 명명백백한 혼의 감정들
 우리는 서로의 싸대기를 때리며 놀고

〉

친구는 대야에다 종일 동생을 퍼내고 나는 종일 언니를 들이붓는다

나는 물이 무섭다

식사

 두부에게 오전과 오후를 나눌 필요는 없다
 모자가 필요한 것도 아니다
 어젯밤 뭘 잘못 먹은 남자와
 신을 때마다 물집이 잡히는 신발을 신고 소요산행 지하철을 타고 온 내가 같은 약국에서 만났다
 감옥은 한때 형무소라고 부르다가 현재 '교도소'로 고쳐 쓴다
 끓어 넘치면 뚜껑을 열고 조금 더 익힌다
 다 끓기 전에 먹으면 양념이 배지 않아 밍밍할 수 있다
 엉겨있는 곳은 혼이 많다고 얼굴이 하얀 동기가 말해서 모두 믿는다
 끓고 있는 두부를 너무 빨리 뜨면 경박해 보이고 노려보지 않으면 불안해 보인다
 그 남자는 얼굴이 두부 같았다
 할머니는 두부를 자를 때 실로 잘랐다 칼은 필요 없다고 했다 두부를 꼼꼼히 실로 꿰매듯(여기서 두부는 머리가 아님)

모양이 으깨지지 않도록 접시에 가져온다
무너진 더미 속에는 무언가 절박한 것들이 튀어나올 수 있다. 그 남자의 눈 같은 실핏줄이 터진
앞 접시에 먹을 만큼 덜어놓고 후후 불면서 먹는다
소리 내고 싶지 않아 꿀꺽 삼킨다
경고를 받은 거야라고 우리 중 누군가 중얼거린다
두부를 만들 땐 간수가 필요하다
손가락으로 찌르면 쑥 들어간다

이상해씨

양말이 한 짝씩 사라지는 날이 있다 아무리 찾아도 보이지 않는 그곳

사라지는 것의 속을 알고 싶어
한 짝만 없어진 양말을 신어본다 발은 기다린다 나는 어디서 내려야 할지 고민하다가
밤새 내린 눈 같다가

걸을 때마다 조금씩 흘러내리는
나는 이상향과 이상형을 헷갈려 하며

양말은 이상해씨 양말이고 기린 목을 통과한 양말이고 한 번도 안 신은 양말이다

한 짝만 남은 양말이 아이를 낳는다
유난히 발이 찬 아이가 태어났다

종아리, 물고기, 돌

1.

종아리를 종아리라고 말할 수 없을 때까지 다리털을 민다

비에 사로잡힌 종아리

마을에서 외딴곳에 위치한 공소가 우리 집이었다
나는 나의 종아리가 언제나 물고기 같았다

2.

나는 그게 뭐든 걷어차고 싶었다
아버지는 어느 날 뱃속에서 꺼낸 엄지만 한 돌을 선물로 가져오셨다 아버지가 사로잡힌 아버지와 꼭 닮은, 돌

안녕 애들아

고립의 장소처럼 엄마를 닮았다 나는, 이상한 아이를 낳을까 봐 비가 오든 안 오든 우산을 항상 들고 다녔다
 나는 엄마와 똑같이 닮았다

3.

 네가 '자연' 스러워질 때까지 살 것 같아 나는 그래도 눈 없는 물고기는 먹기 싫어 아무하고나 짝짓기할 수 없잖아 라고 했다
 왜 오래 사는 게 좋은데
 그냥
 돌이 발에 걷어차이는 게 자연스럽다고 느껴질 때까지? 귀에서 털이 밖으로 삐죽이 나온 너는 그래서 오래 살 거라 했다

 얼마나 오랫동안 그대로 있어야 해

4.

사는 게 자연스러워지려면

뒤집은 채 헤엄치는 아이를 낳고
죽은 것처럼
눈이 없는 아이를 낳고

 색깔도 지우고 전후좌우 위아래 구분 없이 배를 천정으로 물밑으로 향하다 옆으로 세워 자다가

제2부

문화생활

1.

비가 온다
동심원을 만들며

겹겹의 짐승들
부릅뜬,
눈이 깃든

2.

여자가 돈다
팔각의 철망으로 둘러싸인
링을

싸움을 알리는 피켓을 들고

지구를 돌 듯
자꾸 걸어나간다

3.

보이지 않는 각이 더 예리하게 날을 세운다

안에서 밖에서 도를 재는 각

나의 정각은 언제나 지나가거나 조금 모자란다

4.

비 오는 경회루 연못 속에 내 그림자를 던져 넣고
링 안으로 자꾸 걸어 들어간다

93.1

즈즈즈즛 즈즈즈즈

우주선 같은 둥근 플라스틱 안테나를 위로 올린다

즈즈즈즈 즈즈즈즈

아래로 내렸다가 옆으로 귀퉁이에 끼워놓았다가 다시 밑으로 어디에든 가 닿기를

즈즈즈즛 즛즛즛

나는 오른쪽으로 가서 손을 흔들다

왼쪽으로 가서 얼굴을 들이댄다

즛~~즛~~즛

창문을 열었다가

볼륨을 높이고

다시 창문을 닫고

줄이고

헬기가 지나가는 것을 보고 삿대질을 하다

선풍기를 틀었다가

껐다가

책을 본다 넘어가지 않는 문장들

두 귀를 양손으로 틀어막고
예술의 통치기구 예술의 통치 통치 통치
소리 내어 읽는다

기구
기구
라디오 위를 한번 치다가
스피커를 떼어놓았다가
붙였다가
꺼버리고
돌아눕다가
개미를 발견한다 손톱으로
짓눌러 죽이고
다시 켜본다
지금까지 장일범이었습니다
개미 때문이었어

짚라인은 짚짚짚소리를 낸다고 해서 짚라인이라고 하던데 나는 쇠줄을 타고 가면서 이게 무슨 짚짚짚이야?
헛짚었어! 했지만 모든 게
개미 때문이었어
시 쓴다고? 당신이 알몸으로 돌아누우며 기구를 던져버리고 즛즛즛 혀를 차던 것도 다
개미가 지나갔기 때문이었어

당인리발전소

 건조기에서 꺼낸 목도리를 목에 감는다 겨울이 두 배로 늘어난다
 이제 어른들은 쉽게 이곳에 오지 않는다 어떤 연락 같이, 잡았다 놓치고 잡았다 놓치는
 구름이 좋다 이제 나도 어른이라서 좋다 놓치고도 잡지 않을 수 있으니까 유령처럼 카페 주인이 꽃 한 송이를 내게 준다

 꽃은 아무에게나 받아도 좋아요 겨울에 받는 꽃이라 조금 미안했지만
 내가 겨울에 태어나 조금 미안하듯, 이제 학생들은 건물 유리창 커다란 X자 앞 햇빛에 서서 정전기를 모은다
 이제 담배를 피려 나간 동운이는 아직 오기 전이다 골목 어디서든 연기가 난다

기는줄기

 달개비를 나눠 가졌다 싹을 갖춘 비밀처럼, 마디를 똑똑 분지르며 고개를 끄덕이며 흙 묻은 손가락에도 밤이 왔다

 비밀은 풍성해져야 하는 것 사람들은 마스크를 쓰고 다녔고 그것은 아무 곳에서나 절로 번성했다

 기는줄기는 은밀해서 좋다 마을에서 멀어서 좋다 총을 갈겨도 소리가 나지 않는다

 달개비에게 엄마는 없고 아버지도 없고 형제가 형제를 낳고 그 형제가 또 다른 형제를 낳아서 좋다
 지구 끝까지 마스크 쓴 형제를 낳고 무수한 달겨드는 형제들에 둘러싸인, 친절

 개구리의 배를 열어 놓은 해부시간, 죽어가는 것과 마주 보며

〉
형제애에 익숙해지느라 나는 말을 아낀다

율리시스의 노래

커팅 식에 간다

나는 식탐에 휩쓸려

어제도 커팅 식에 갔고
일주일 전에도 갔다

목들은 욕조나 나무에 함부로 매달리고

　오월은 푸르구나 우리들은 자란다 한 떼의 아이들이 지나가고

　나는 오늘도 캄캄한 속에서 새벽기도를 했네 정욕이란 기도 속에서 은밀히 자라나는 것

　제단 위엔 흰 장갑을 낀
　주최자들

이를 하얗게 드러낸 채 줄이 팽팽해지길 기다린다

목숨줄 같다, 툭

목뼈 부러지는 소리로 줄이 끊어지고

목매달아 죽은 사람의 바지에는 정액이 흥건하다고 했다 이것은 죽음 이전의 기념 이야기
우리들의 주화에는 목매단 사람들이 새겨진다

나는 죽은 자의 목에서 풀어낸 줄이 필요해
그들이 쓰던 언어와 먹던 음식과 그들이 다녔던 골목 끝에
도달한
생
뿌리 잘린 꽃들을 가슴에 하나씩 꽂고
갓 잡아 심장 펄떡이는 고기를 잘라 나눠 먹는다 악수

를 하고 진실에 가장 가까워진다
   우아하게 쟁반을 받쳐 들고

   동, 서, 남, 북, 중앙의 오색 제물로 머리를 묶고 손목에 걸고 속주머니에 넣어
   만국기가 휘날리는 곳으로 간다

   죽음이 이룩한 정액을 나눠 마시며
   우리들의 식성을 기념한다

나의 구강구조

말이 입보다 빠르게 또는 늦게 흘러나올 때가 있다
나는 말보다 빠른 입에 집중해야 할지 입보다 빠른 말에 귀 기울여야 할지 고민하며
앞니로 빵을 뜯는다

발치는 발설과 엄연히 다르지만
내 뒤쪽에 앉은 사람들은 쇄국정책과 개화정책에 대해 열띤 토론을 하고 있다
나는 식탁 위의 흰 빵과 검은 커피를 동시에 한꺼번에 먹을 수 없어 아쉽다
발치는 두개골의 생김새와 함께 발설에 영향을 주었다
새가 앉았다 떠난 직후다

발치된 능소화가 마당에 떨어져 있다

한쪽이 닫힌 후에야 다른 한쪽이 열리는 고백소처럼
말은 나에게 환불을 요청했다

생일

엄마, 나는 언제 다 만들어져요? 머리가 따가워요 얼굴에, 심장에,
  꽃에 구름에 온통 바늘이 꽂혀 있어요

나는 밤마다 침을 흘려요
날마다 생일이죠
팡파레를 울릴까요
풍선껌을 부는 여자가 풍선을 부는 동안

입안 가득 고여 있는 침

내 머리는 자주 넘어진다
—스콜

목은 앞으로 꺾였다 뒤로 옆으로 마구 꺾인다 벽에 가로수에 부딪히다가

어디든 들이받는 일

나는 계단이 가장 어려웠다
생의 근거를 찾지 못한
무거운 머리통을 들이받으며 다시 튀어 오르는 빗방울, 계단에 수도 없이 많은 까닭과 이유들이 왕관 모양으로 피었다 사라진다

한 번에 내리꽂는

이 흥건함,
깨진 해골에서 번진 물이 계단의 목을 따라 꺾인다

농번기

협박하지 말아요

초록은
당신의 창고에도 있고
마당에도 있고
들판에도 있어요

미쳐간다는 건
나무처럼
풀처럼
초록을 갖는 거예요

죽으려던 건 아니었어요 선생님 전 초록을 혀끝에 댔을 뿐이에요

자작극이라면 그만하는 게 좋겠습니다

죽기 싫어요 전 선생님의 아이를 가졌어요 살려주세요 제발 이것 봐요 내 몸이 점점 푸르게 변하잖아요

여긴 내 아이를 가진 사람들이 많습니다 여기 있는 사람들 모두 초록 사람들이죠

선생님 여기는 어디죠 감옥인가요? 내 몸이 팔다리가 엉켜가요 제발 저 태양을 치워주세요

아니요 여기는 감옥이 아닙니다 안심하세요 나를 믿으세요

휴 다행이에요 그럼 여긴 어딘가요? 천국인가요? 선생님 바지에 불이 붙었어요 불이야 불이야

혀끝에도 대지 말아요
초록은

아침에도 있고 저녁까지 있고
가을에도 붐비고 봄부터 있다가
달에서부터 나왔어요
컵에도 있고
손가락질에도 잘 자라고 있어요

불이 번져가요 골목을 뛰어다니는 개털에도 밭둑을 지나 개천으로도 바람을 따라 온 마을이 미쳐가요

한가해서

 사랑니를 뽑기로 했다 한가한 날을 기다리느라 십 년이 흘렀다 한가할까 봐 사랑니가 나고 자랐다 한가해지기 위해 사랑니가 아팠다 사랑니가 썩어갔다

 한가해서 하느님은 세상을 창조했고 개미는 내 발에 밟혔다

 군은 진돗개 하나를 발령했고 전방에서 어떤 아이가 온몸 퍼레지도록 초록 벌레를 잡아먹으며 기어 다녔다

 비가 왔고 바람이 불었다 꽃은 피고 졌다 엄마는 한가하다고 걱정을 했고 나는 아무것도 아니라고 안심시켰다

 경찰들은 여전히 누군가를 찾으러 다녔고 나는 신발 뒤축이 닳는 쪽으로 걸어갔다

보이지 않는 곳에서

액자 속에서 나는 액자 밖
화병에서 길게 뻗은 작약을 찍는다
초점은 꽃에 맞추어져 있고
물방울이 튀어 나는
액자 속에서 흐릿해져 있다
커다란 조명등이 액자 안과 밖에서 사물을 비추고 있다
너는 보이지 않는 곳에 있다
버스는 낡았다
보이지 않는 곳에 물이 흐르고 있다
버스의 옆구리가 물속에 있다
보이지 않는 곳에서 우리는 걸었다
 살구나무 아래 발과 발을 맞대고 물이 흐르는 것을 보며 한나절을 보냈다
 원뿔 모양의 모자를 쓴 사공이 뱃노래를 부르며 지나갔다
 보트는 끝도 없이 유람객을 태우고 흘러갔다
 마을 사공들의 뱃노래를 모두 들었다

보이는 곳에서 보이지 않게 살아가는 법을 깨우치는
중이었다
　물이 물을 사무치는 법을 알지 못하고 사무치듯
　물을 따라 걸었다
　마을이 진했다
　고기는 풍성했고 수초가 물 가장자리를 만들었다
　발가락과 발가락이 닿아 간지러웠다
　너에게선 물 냄새가 났다
　물이 고향인 너는 물을 떠났다가 물로 돌아왔다
　너에게 귀 기울이면 물소리가 났다
　너는 아무렇게나 흘렀고
　물에 번진 나는 너를 따라
　액자 밖으로 흘렀다

모래가 운다

 너의 턱선에서 모래가 묻어난다 나는 너의 턱 만지는 걸 좋아하고

 바람이 불면 너의 턱에 새로운 언덕이 생기고

 모래가 새처럼 울면

 철쭉이 핀다 나는 철쭉의 턱이 어딨는지 몰라 계단이 핀다 나는 계단의 턱이 어딨는지 몰라

 밤새 너의 턱선을 부수고
 손가락 빨던 습관이 도져와 한낮에도 너의 턱선을 부수고

 낙타초를 먹고 입이 찢기도록
 구름은 별일이 없고
 판도라 상자는 기적처럼 별일이 없고

〉
턱밑 깊은 곳에서부터 바람이 인다

손톱을 물어뜯던 아이가
말을 더듬던 아이가

너의 턱에서 새들을 날려 보내고,

다 자라지 못한 손가락이 백골처럼 꽂혀 있다

해를 보러 떠난 사람들

비가 온 다음 날이면 버섯을 따러 산에 갔다 아버지는 이⌒ 산⌒ 저⌒ 산 죽은 생물 위에 우뚝우뚝 자라는, 우산 같은 버섯을 한 바구니씩 따왔다

앞산도 모르는 아버지
뒷산도
옆 산도 모르는 아버지

나는 뭐든지 알고 싶었다

우루루 솟아났다 갑자기 사라지는 가벼운

비닐우산 접었다 펴고 접었다 펴고
이름 하나 지어주세요 나는 하수구 속으로 들어가기 직전의 비처럼 의기양양하게 독이 오른 자세로 물었다

피곤하지 않아?

〉
아버지는 그게 뭐든 털어낼 기세로 고개를 끄덕이고 비닐우산은 빗물을 떨구고 있다

아버지는 영원히 해를 보러 가지 않기로 한 모양이었다 참나무 몇 토막을 잘라 뒤뜰 그늘에 놓고 구멍을 내고 균사를 발라놓았다

해를 보러 떠난 사람들이 밤새도록 길 위에 우뚝우뚝 솟고 있었다

제3부

검정 비닐봉지

 감자라고 둘러대야지 오토바이 헬멧이라고 둘러대야지 심부름이라고 망치와 콩나물이라고 둘러대야지 펄이 든 립스틱이라고

 긴 생머리를 휘날리며 아는 남동생 허리라고 둘러대야지 오빠 달려 소리치며 그의 등에 묻은 얼룩이라고 둘러대야지

 애인이 아니라고 둘러대야지

 토막 난 생선 대가리라고 손목 발목 같은 건 아니라고 남산 순환도로를 타고 가다 묻을 거라고 둘러대야지 인상착의는 남, 추리닝 복장, 특징 없음이라고 둘러대야지 썩을 것들이라고 둘러대야지 썩지 않을 것들이라고

 사라진 도시에서 온 편지라고
 신세계라고

오돌뼈, 닭발, 순대, 족발을 씹으며 손가락 관절을 꺾으며
거짓 같은 건 아니라고

바다에서 건져 올린 침몰한 구름이라고, 하수구에 처박혔다 논둑에 묻혀 있다 태우면 태워지는
찢어진 스타킹이라고

자꾸 튀어나오는 개 꼬리 같은 건 아니라고 둘러대야지

누군가 무엇을 담을 때까지 끝없이 둘러대야지

사명대사

앰배서더호텔을 배경으로 서 있다 그는
에스컬레이터를 타고 막 도착한 모습으로
불빛 도시를 마주하고 있다 코앞에
미리 쳐들어온 적군처럼 개나리가 진을 쳤다
꽃잎이 퍼렇다
아니 이렇게 쓰는 건 아닌 거 같다
대사大師,
나는 그에 대한 시를 쓴다
에스컬레이터에 막 도착해
시커멓게 서 있는 동상 앞에 선다
일주일에 두 번 그를 스쳐 지났다, 그인 줄 모르고
먼 곳을 찾아다녔다 작년
합천에서 그의 부도浮圖를 밀양에서 그의 일화를
보았다 그 앞에 좋은 시 쓰게 해달라고
합장하고 기도했던 것 같다
난 아직 좋은 시를 쓰지 못한 채
그를 대면한다

본다, 민머리를 펄럭이는 승복을 지팡이를
불빛 도시 속 어두운
숙제처럼
곁에 두고 찾아 헤매던 나의 시
난 지금 그 앞에 서 있다
구걸하고 있다
입술 퍼렇게 독이 차오르도록
치욕을 깨물며
어느 시인의 자문자답을 읽어봐도 답이 없는 시적인 것을
찾아야 한다, 적진에서
치열하게 담판을 벌여 빼 와야 한다
두 눈 뽑히고 코가 베여 포로로 잡힌 나를

바다가 육지라면

손의 내부가 축축해지면,

헌 집은

문의 한쪽이 무너진 채 바다로 들어가고는 했다

남자의 손은 부드럽다 고요하고 단단하다

모래 속에 손이 갇혀있다

남자는 저보다 큰 모래여자를 만들어놓고 가슴을 애무하고 배꼽을 애무하고 털이 없는 여자는 햇빛에 노출된

골목 끝에서 사막이 밀려오고 알려주지 않아도 여자의 열 손가락엔 낙타 꽃이 핀다

여자는 가슴 한쪽이 무너진 채 바다로 끌려들어 가고 있다

멀리서 두꺼비 울음소리가 밀려온다

모래가 여자가 되기까지
여자가 다시 남자의 무덤이 되기까지

자신의 발자국으로부터 한 발짝도 도망가지 못하는 발들, 막다른 것들은 근사하다
파도가 완성하려는 건 바다의 발자국

무덤에서 떨어져 나간 코와 귀로, 흘러내린 눈으로, 말이 되지 못한 입술로 새 집을 짓는다 누군가

높이뛰기

햇빛에 눈물을 말린다
태양이
얼룩이 되어가는 과정

아이의 엄마는 장님이다 아이는 젖을 빨고 있다

어린나무를 심어놓고
매일 넘다 보면
나무가 커가는 동안 높이뛰기는 하늘까지 닿을 거라 생각했다

신나게 춤을 췄는데
숨은 쉽게 쉬어지지 않았다
고산병 같았다
밀폐된 것들이 부풀어 올랐다

얼룩이 만들어지는 건 태아의 크기와 화학물질의 작용

〉
사람들이 무리를 지어 다니는 건
얼룩들의 대처

젖을 먹는 아이, 가슴을 파고들면 들수록
얼룩은 조금 더 진하게 패턴과 높이를 형상화한다
착시현상을 일으키며
소나기가 쏟아진다
높이뛰기 위해 나는 비를 맞으러 간다
다리 사이로 뭉텅 태아가 쏟아진다

여배우

 모자는 엄마보다 엄마다워요 난 모자에게 엄마를 씌우고 어울리는지 살펴봐요 엄마가 마음에 들지 않으면 엄마를 바꿔요

 오늘은 안개주의보가 내려져 있으니 빨간 엄마가 좋겠어요

 엄마가 한사코 모자 위로 올라가요 겹겹이 쌓인 모자 위의 모자가 위태로워요 모자에서 내려와요 엄마

 햇빛을 모으는 중이란다 젖이 쭈글해진 엄마는 앞섶을 열어 구름을 꺼내주어요 구름을 햇빛이라 불러요 엄마는 통통한 햇살을 쌀벌레 골라내듯 골라내요

 모자마다 오래된 이야기처럼 버리지 못한 엄마의 얼굴들이 박혀 있어요 들추면 뭉텅 쏟아지기도 해요 모자 속에서 발그레한 뺨들이 식어가요 잔치의 뒤끝처럼 질

척거려요

 모자가 길을 가요 엄마의 내력을 지고 안개 속으로 스며들어요

코넬리아디란지 증후군

 어제 새로운 손 하나 가져왔다 내 취미는 손을 수집하는 것
 손가락을 빨아 먹고 사는 내 몸엔 손들이 모여 있다

 악수하고 싶으면 주머니에서 가장 정다운 손을 꺼내 안녕? 하고 집어넣으면
 그만
 경매장에선 손놀림이 가장 빠른 손으로 골라 쓰면 그만
 등긁이로 쓰다가
 누군가 엄마가 좋아 아빠가 좋아라고 물어보면
 오리발처럼 불쑥 내밀면 그만

 기도에 막히는 게 산낙지가 아니라 웃음이라서
 인절미가 아니라 울음이라서
 웃지도 울지도 못하게 엄마는 손가락을 쑤셔 박았다 쉿! 넌 장녀잖니

〉

　하얗고 부드러운 손을 잡고 만지작거린다 누구의 손인지는 중요하지 않아

　봄이면 빈 꽃을 매달고 헛구역질하는

　빈털터리 감정이라 좋다 너는, 깍지 끼고 종일 걸어도 아프지 않아 좋다 막내의 기분이라서 좋다

* 코넬리아디란지 증후군 : 울거나 웃으면 기도가 막혀서 죽는 희귀병

투견

아침이 견고해지자 이빨을 드러내고 웃어요
표정을 들킬까
물어뜯길 빌미를 줄까
전문가들은
귀를 미리 잘라내요

싸움을 의식하지 않아도 정오가 오고 저녁이 와요
돈을 떼먹고 도망간
그의 눈매는 따뜻했고 앞으로도 따뜻할 거예요
하늘이 빌딩 속으로 내려와 들끓고 있어요

아무려면 어때요
상가 골목에서 물어뜯으면 어때요
뭉텅 뽑힌 머리카락들 뒤엉켜 바닥에 뒹굴면 어때요

이미 말했지만
반칙을 믿을 때가 있어요

아무도 의심하지 않을 때가 있어요
개처럼 아무 때나 붙고 아무 때나 싸우고 싶을 때가 있어요 아무 때나
곤란하고 싶을 때가 있어요

귀를 잃고 나는
코가 사나워져요
입이 사나워져요

잘린 귀가 흙바닥에서 굴러요
목까지 치미는
눈물을 꾹꾹 누르고
이겼다고, 얼뜨기처럼

결심을 하고 결심을 허물고

정가네 정육점

한 주먹의 볼펜을 받고 보니 눈이 올 것 같다
개업 1주년 기념
쇠고리에 통째로 매달린 고기들,
펜 옆엔 칼이 있고 화분이 있고 먹다 만 떡이 있고 전화기가 있다

창밖 도로엔 스프레이 펜으로 표시해놓은 구부러진 사람이 있고
차들이 지워가고 있다
통영 앞바다에 내리는 눈 같다
소처럼 두 눈을 껌뻑거리며, 사내
마흔이 넘은 노총각이라며 돈 벌면 장가도 가야 한다는데
나는 통영 앞바다가 보고 싶다

서울에서 통영까지는 다섯 시간쯤 걸리던가
노트에 군데군데 흔적을 남기며 가는 똥을 보니 바라

나시 소 같다 길 가운데 떡하니 서서 갈 길을 방해하던
   나는 가고 싶은 곳을 정정한다 갠지스 강에 가고 싶다 라고 쓴다
   아침이 와도 오지 않는 야간열차를 기다려야겠지만

   빠져나오지 못해 오후 내내 헤매던, 가도 가도 똑같은 곳에 도착하는 곳, 다시는 가고 싶지 않은 그 미로의 골목을 가고 싶다 라고 쓴다
   시체를 태우면서도 울지 않는, 머리를 빡빡 민 상주가 보고 싶다 라고
   그 곁에 어슬렁거리며 발목을 물고 도망가던 눈이 뻘건 개와 소들을 바라보며 라씨를 먹고 싶다 실컷 토하고 싶다 라고 쓴다

   바라나시에는 눈이 오지 않는다 라고 쓴다
   통영의 새벽엔 별이 한 움큼씩 쏟아진다 라고 쓴다
   어릴 적 눈 오는 들판에서 눈을 꿈뻑이던 소를 본 적

이 있다 소의 발자국 지워가던 눈을 바라본 적 있다 라고

오렌지

 식탁마다 쌓여볼까요 달빛마을 빌리지, 작은 마당 작은집, 스카이팰리스 아파트, 담 높은 저택, 인왕산 아래 가건물에도 수북수북 턱을 움직여볼까요 어디든 굴러요 과즙이 많고 존속합니다 우리는 어떤 족속인가요 서로의 턱을 깨물면 깨문 만큼 발생해요 오렌지 당, 오렌지 도시, 오렌지 가문 속삭여볼까요 껍질이 두꺼운 것 얇은 것 속이 빨간 속이 노란 더 완전한 것 덜 완전한 것 구별하기에 좋고, 그 중 떨어져 나온 것을 당신이라 불러도 될까요 오렌지는 앞다리가 짧고 뒷다리가 길어서 산 위로 올라가기에 좋을 겁니다 집에서 키우던 오렌지를 산에 풀어주었죠 군수물자 수송 트럭이 줄을 지어 가는 곳이었습니다 애인은 소리 내어 울었지만, 인도가 고향입니다 상해 카트만두 리스본 리우데자네이루 워싱턴 마드리드 서울로 퍼져가는 동안 산지마다 턱은 완성되어 갑니다 생으로 먹고 갈아서 먹고 나는 애인과, 팔다리를 몸통에 집어넣고 식탁 위에 조용히 쌓여볼까요

해 나다
비 오다

몸이 불덩어리였다 라고 일기를 쓴다
이마 위에 놓인 수건의 기분이라고 쓴다

열 오른 수건은 신들리는 무당의 기분과 비슷할까
얼굴 위로 말들이 기어 다닌다

장군은 그날의 일기를 왜 '흐림'이라고만 했을까
얼마나 아파야 아픈지 모를까
바람 불다 다시 해가 나다 눈이 오다 다시 바람 불다

나는 발을 구른다
얼마만큼 높이 뛰어올라야 죽은 것들과 만날까
무당은 몇 개의 죽은 얼굴이 될 수 있을까
얼굴이 바뀔 때마다 그 간극은
빈 일기장 맨 위에 놓인 '흐림'
같은 건가

장군을 불러와 사과해야겠다고 생각했다
일기를 훔쳐보는 일
죽은 사람과 산 사람이 위로를 주고받을 때
죽은 사람이 어떤 표정을 짓는지

동남향

새벽마다
목이 간지러워
손목 발목 관절이 간지러워

잠 속으로 해가 들어와
해의 아이를 갖고
해의 아이를 낳는 일은
밤을 틔우는 일

목에 관절에 아이가 생겨
가난한 아이가 생겨
아침마다 한 주먹씩
상처 난 부위마다 아이가 생겨

해 쪽으로 팔을 뻗느라
해 쪽으로 눈을 뜨느라

꽃은 피어나
가난한데 자꾸 피어나
온몸으로 피어나

가시도 없이 열꽃이 생겨
지느러미도 없이 물결이 생겨

저녁이면 해 떠난 창 가득
빛 주름 자글자글해
엄마처럼
할머니처럼
상처 난 부위마다
대대손손 자글자글해

인사나 하려고

첫걸음을 떼듯 걷는다

세상 어딘가를 향해 걷던 사람들
한 손을 번쩍 들고

눈알은 눈알끼리 이빨은 이빨끼리
장기 박물관에는
만질 수 없는 것들의 세계

무릎을 펴고 허리를 꼿꼿이 세워도
만지지 마시오
가슴과 가슴 사이를 걷는 사람들

하루 종일 가도 끝이 보이질 않아
한 칸씩 밟고 가기에는 나의 다리가 너무 짧아
직립으로 걷는 연습을 해

멈춤과 멈춤 사이
생겨난 다리들

제4부

숲

손이 잡고 싶어져
주머니는 헛배가 부릅니다

네 손은 멀어서

아가위나무에 꽃이 피었다 집니다 아가위나무는 잎을 늘려 갑니다 태풍이 몇 차례 지나갑니다
헛구역질이 늘어가고 먹고 싶어지는 게 많아집니다

손톱은 길어지고 손의 길이를 늘려 놓습니다 손톱이 부러지면 손의 길이가 짧아집니다
그럴 때마다 하늘이 아슬아슬해집니다

입을 굳게 다물고
주머니에서 목이 굵어집니다
고요하게 목소리를 생산하고 있습니다

아가위나무의 다른 이름은 산사나무입니다 상상만으로도 산이 부풀어 오르는

새엄마

거울아거울아이세상에서누가제일예쁘니 끊임없이 물으며

꿈속에서 꿈 밖에서

끼니때마다 밥을 먹어요

아메리카에서 친구가 오면 그 친구를 만나러 가고

공동 번역서를 읽으며 어느 구절이 누구의 번역인가를 기어코 찾아내는 병에 걸렸죠

가을이에요

꽃이 필까요

이 동네는 너무 덥거나 추워요

⟩

  코를 고치고 좀 더 높은 코로 눈을 고치고 좀 더 쌍꺼풀진 눈으로 턱을 깎고 좀 더 날렵해진 턱으로

  서울역이나 인왕산 근처에서

  미디어아트센터 엘이디 조명 아래

  내 팔을 붙잡고 늘어지지 않는 사이비종교 전도자에게도

  거울아거울아이세상에서누가제일예쁘니 끊임없이

  끊임없이 물으면서

여름 1

 뭉게구름이 손에 닿는 곳으로 간다 부드럽게 핥아 먹으려 신발 두 짝 나란히 벗어놓고 오줌 마려운 걸 참으며 장애우용 승강기를 타고 망할 곳으로 간다 혀가 먼저 뽑혀나가고 눈이 코가 귀가 사라져도 모르는, 망할 꽃 망할 나라 망할 헬리콥터 망할 빌딩들 위에 헐떡이며 사정을 하고, 해변의 여기저기 떠도는 손발들, 떼를 지어 바다로 떠밀려간 붉은 산 게들처럼 죽을 둥 말 둥 학학거리며 산란하고 마는

이달의 우수사원

엘리베이터에 붙은 이달의 우수사원 이정희
이정희 옆자리에 이정희보다 조금 작은 내가 있다
어제는 비를 쫄딱 맞고
초짜 후임이 내 룸메이트로 왔다
아무렇지 않게 내게로 들어왔다 나가는 사람들
나는 이제 어떤 방향으로 휘어질까
우산살이 부러져 우산을 튕겨나오는 힘으로
나는 걷는다

1초가 늘어난 그해에 나는

내 손톱은 빨리 자란다

1초가 늘어난 해에 태어난 것이 나의 불찰이다

군복을 입은 외삼촌은 경찰이 오자 느닷없이 나에게 울라고 했다

삼촌은 숫자 세는 법을 가르쳐줬고 나는 자꾸 까먹었다

내 생일은 매년 해를 넘겨서 찾아온다 해에 가려진 달과 함께

금이 간 컵에서 내 목소리가 자란다

1초를 견디느라,

컵의 이빨은 내 이빨과 함께 지붕으로 모여든다 비가

올 때마다

  지붕에서 이빨 부딪치는 소리가 난다

  피아노를 배운 적 있다

  음률보다 손톱이 먼저 사무쳤다 그 무렵 아버지가 돌아가셨다

  그것이 내겐 가장 수학적이었다

스타벅스 티슈

커피를 받아 들고 티슈를 몇 장 가져온다
커피를 마시다 흘리고
스타벅스 티슈는 나무색 티슈
표백하지 않은 천연펄프 냅킨입니다
입을 닦는다 턱을 닦고
백해무익하다는 것은 무엇인가

티슈는 생각처럼 쌓여있다
티슈를 접는다
세모다
다시 네모다
티슈는 모서리가 많아진다

나는 너를 모서리에서 기다리는 중이다
오늘은 상하이에서
지난여름엔 빈에서
내일은 서울에서

〉
너는 오거나 오지 않는다
이상적이라는 말은 구멍 난 양말을 돌려 신는 것과 비슷하다

어제는 네가 사라지고
704번 버스도 돌아오지 않는다
생각을 접는 날이다
모서리가 많아진 날이다

세계 요지 곳곳에, 너는
비행기가 배가 되었다
캥거루, 라마까지 군화, 폭탄, 초승달이 되었다가

먹다 남긴 스테이크 부위와
전방에서 먹을 전투식량과
비교 불가한 것들 사이에서 나란히

커갑니다

사실

 할머니 어디 가시는데요 강북삼성병원 이거 거기 안 가요 내리세요 한 정거장만 가면 돼야 할머니 이 버스는 그쪽으로 안 간다고요 방향이 달라요 뭐여 이년아 너도 아파봐 너는 안 늙을 것 같어 나도 엄니도 있고 아부지도 있었어 사실을 말하란 말여 사실을, 방향이 틀렸다구요 할머니 육시럴년 한 정거장만 가서 내리면 돼야 할머니 안 내리실 거예요 그럼 출발합니다 그려 이눔아 사실을 말하라니까 무조건 내리라고 하지 말고 방향이 안 맞는다고 하면 워떡혀 나도 아프지 않으면 안 그려 니들은 안 아플 거 같어 할머니 한 정거장을 가시더라도 앉으세요 아가씨 아무 말도 하지 말아요 알아서 하시게 니눔들은 다 나쁜 놈들이여 니들이 사실이 뭔 줄 알어 아무것도 모르는 것들이 나도 고생 많이 한 사람이여 여기서 내리실 거예요? 벨 눌러드릴까요? 넌 아무 말도 하지 마 이년아 여기 워디여 내려야지 나 내려줘 내려야 혀 나쁜 놈들

옆구리운동

1.

옆구리운동을 시키고 선생님은 여름을 기다리라고 했다

우리는 두 팔을 들고 여름이 올 때까지 서 있었다 여름이 오게 해 달라고 기도했다

옆을 치고 오르는 것들을 경계하며 속성이 생겨났다

팔을 내리라는 말도 없이 선생님은 떠나갔다

여름이 오기 전에 옆이 흘렀고 여름이 지나도록 우리는 아무도 팔을 내리지 못했다

2.

옆이 뜨거워져 나는 옆을 만지고
쓴맛이 나는 옆은
시끄럽고
기관들을 늘려간다

바다에서 건져낸 물고기
옆이 쌓여간다
팔이 아프다

3.

아버지는 물고기를 잡으면 먼저
옆을 땄다
　양쪽 엄지손톱으로 꾹꾹 눌러 희고 붉고 검은 장기들을 떼어냈다
　공기가 빵빵히 들어찬 공기주머니가 우물가를 떠다녔다

〉
물컹한 내장들
끝도 없이 길어지는 내장들, 수억 년 전부터
구불구불 쌓여가는 나는
대를 이어 위병을 앓는다

4.

시키지 않아도

내 두 팔은 내려오지 않고

세상의 물고기들은 모두 모로 누워 다닌다

여름 2

 참외를 따와 수돗물을 틀어놓고 씻는다 참외에서 부딪친 노란 물이 천지사방 튄다 장독대로 튀고 오리에게 튀고 내 얼굴에도 무릎에도 튀고 가슴에 제멋대로 튄 얼룩같이, 간밤에 쌍꺼풀 없는 아기가 태어났다 누구도 닮지 않은 아이 나는 두 손에 빗물처럼 아이를 받아들고 한 방울씩 밑으로 빠져나갈까 봐 두 손을 오므리고 오므리고

잉크가 떨어졌어요

말이 달린다 책상 위에서 고무줄에 매달린 채 넘어지고 떨어져도 다치지 않는
  빨강말
  파랑말
  핑크말
  펌프를 누르면 앞으로 달려간다
  다시 돌아오는

판단력이 흐려질 때 나는 고무줄 바지를 입거나 고무줄이 달린 공놀이를 한다

멀리 나갔다가도 용케 돌아오는 팔을 보면 신기해 내 팔인가 싶어 두리번거리기도 했지만

장난감의 유형이란 좀체 바뀌지 않아 그렇지 않니 너는 앞서와 다른 사정을 말하고

다른 색으로 대체할까요

　가만 있어 봐 저 말들 중에 어떤 말이 먼저 들어오는지 어떤 말이 넘어지는지 기수가 말에서 떨어질 리는 없겠지

복숭아의 안쪽

작은 생수통 하나씩 들고 사람들이 서울광장으로 간다
세 개의 손가락으로 가볍게 들고 가는 사람 놓칠까 손아귀에 꽉 쥐고 가는 사람 사이에
나도 쌍봉낙타의 쌍봉 만지듯 양손에 생수 들고

가로수 은행잎이 노랗게 햇빛을 반짝거리며 떨어지고 있는 건 발달인가

손차양을 하고 기다리는 사람 속엔 언제나 내가 있지
그건 나의 발달 장애
손의 그림자가 얼굴 위로 쏟아지고

반으로 쪼갠 복숭아 속에서 잘못 기어 나온 벌레의 얼굴로
팔이 부족해서
다리가 부족해서

벌레 먹은 복숭아 먹어본 적 있어요? 도려내고 나면 세상이 반쯤 줄어든 거 같아 운 적 있어요? 아무에게나 묻는다

공을 가랑이 사이로 흘려 보내놓고 가로수가 달려와 발달하고 아이가 발달하고

생수를 마시며 나는 출렁이며

팝콘들

아카시아 꽃을 따왔다
흰 블라우스 단추를 풀다 말고
식탁 위에서 부풀어 오른다
치마 속에서
마가린 냄새가 난다

곧 터질 내면들이
뭔가를 속삭인다

두 발이 공중에
두둥실
떠오른다

오늘 나는 다정다감한 사람이 될 거고
내일은
마가린 공장이 문을 닫을 거다

속삭인다, 어둠들이
부푼 치마를 두 손으로 붙잡으며

잘려도 뭉개져도 예쁘게 튀는 것들
버팅기면서 핀다
차례도 질서도 없이
사방이 꽉 막힌 세계 속에서

해설

여름의 세계도(世界圖)

안서현(문학평론가)

 한 권의 시집을 읽고 나서 눈을 감으면 하나의 오롯한 세계가 우리를 찾아온다. 눈 감으면 만날 수 있는 각자의 몫의 어둠이, 그 순간만큼은 시인의 고유한 환상으로 뒤덮인다. 그러한 심미적 개성의 체험을 하기 위하여 우리는 시집을 읽는다.

 이 시집을 읽고 나면 여름의 세계가 우리를 찾아온다. 먼저 고유한 색채감, 여름 특유의 녹색의 잔상이 흘러넘친다. 또 성장의 절정, 그 생명의 리듬이 들려온다. 그것은 비단 싱그러운 색채와 리듬만은 아니다. 김선미 시인이 추구하는 여름의 세계, 그 미학적 핵심은 생명의 이면에 숨겨진, 무성한 여름 축제 뒤에 숨겨진 불안과 허무, 광기와 충동을 짚어내는 예지에 있다. 그리고 그것은 각각 존재의 본질, 그리고 오늘날 변화한 이 현대 사회와 문명의 질서와 조응한다.

특히 시인이 그려낸 여름의 세계도(世界圖), 그것은 다름 아닌 이 세계가 지나고 있는 계절에 대한 진단이다. 어떤 과잉의 계절, 그리고 그로 인한 마음의 불안에 대해 이야기하고 있는 것이다. 여름의 정경을 펼쳐놓으면서도 우리에게 이미 익숙한 생명 예찬의 시학을 펼치는 것이 아니라 세계의 기상도(氣象圖)를 그려내고자 하는 과감함, 바로 여기에 시인의 시적 야심이 놓여있다.

바다의 교향(交響), 막다른 사랑

먼저 이 시집이 포착해내는 것은 여름 특유의 리듬이다. 일종의 연가로도, 또 존재론적 노래로도 읽히는 「바다가 육지라면」이라는 아름다운 시편이 그 리듬을 우리에게 각인시킨다. 이 시를 읽으며 우리는 여름철 바닷가의 리듬을 새롭게 듣는다. 우리가 듣지 못하던 이면의 리듬, 경쾌한 파도의 리듬이 아니라, 막다른 곳으로 위태롭게 달려가는 존재의 발소리가 우리 귀에 들려오기 시작한다.

여자는 가슴 한쪽이 무너진 채 바다로 끌려들어

가고 있다
　멀리서 두꺼비 울음소리가 밀려온다

　모래가 여자가 되기까지

　여자가 다시 남자의 무덤이 되기까지

　자신의 발자국으로부터 한 발짝도 도망가지 못하는 발들, 막다른 것은 근사하다
　파도가 완성하려는 건 바다의 발자국

　무덤에서 떨어져 나간 코와 귀로, 흘러내린 눈으로, 말이 되지 못한 입술로 새 집을 짓는다 누군가

—「바다가 육지라면」 부분

　이 시를 읽으며 우리는, 무너지는 것을 보기 위해 지었던 집, 바로 두꺼비집의 기억을 떠올린다. 또 일부러 파도가 가끔씩 밀려올 수 있는 곳에다 짓곤 했던 모래성의 기억을, 장난삼아 몸을 파묻고 또 파묻히던 모래

무덤의 기억을 떠올린다. 다시 말해 그것은 일부러 존재를 위태롭게 만드는 놀이들, 존재의 생성과 소멸의 박자를 우리에게 일러주는 놀이들, 그리고 존재의 죽음을 연상하게 하는 놀이들이다. 존재는 자꾸만 "바다로 끌려들어가고 있"다.

파도는 바다와 육지가 만나는 소리의 울림, 즉 교향이다. 존재와 허무, 즉 지어지는 집과 허물어버리는 파도가 대결하는 박자이며, 뭍과 피안 즉 삶의 영역과 죽음의 세계가 서로 부딪치는 소리이며 동시에 절정의 연인들 사이의 사랑의 노래이다. 그것이 바로 여름의 바다에서 우리가 듣게 되는 위태로운 음악이다.

"막다른 것은 근사하다". 그리고 존재와 삶과 사랑이 절정에, 즉 "막다른" 곳에 이른 계절이 바로 여름일 것이다. 마치 그러한 예감을 가진 듯, 우리는 여름의 시간에 막다른 곳으로 달려간다. 바닷가, "한 발짝도 도망가지 못하는" 그 경계의 자리로 즐겨 나아간다. 그리고 그곳에서 절정의 박자를 센다.

무성한 불안, 파국의 기미

이제 여름의 리듬에 이어 여름의 감각에 관해 이야기해보면 어떨까. 앞서 언급한 것처럼 시인이 그려내는 여름의 세계는, 생명력이 만개한 시절만은 아니다. 견디기 어려운 더위를 겨우 참는 극한의 계절이다. 특히 도시의 여름은 더 그렇다. 그 시간은 오히려 생명의 시련으로 가득 차 있다.

> 뭉게구름이 손에 닿는 곳으로 간다 부드럽게 핥아 먹으려 신발 두 짝 나란히 벗어놓고 오줌 마려운 걸 참으며 장애우용 승강기를 타고 망할 곳으로 간다 혀가 먼저 뽑혀나가고 눈이 코가 귀가 사라져도 모르는, 망할 꽃 망할 나라 망할 헬리콥터 망할 빌딩들 위에 헐떡이며 사정을 하고, 해변의 여기저기 떠도는 손발은 운수 같은 거 밀물이 오기 전 떼를 지어 바다에 떠밀려 내려간 붉은 산 게들처럼 죽을 둥 말 둥 학학거리며 산란하고 마는

―「여름 1」 전문

여름날 지하철 역사(驛舍)에서 지상의 더위 속으로 나

가는 장면과, 해변 피서지의 풍경이 서로 섞여 하나의 시적 발화 속에서 혼재되고 있다. 그 속에서 상이한 여름의 시간들―한계의 시간과 절정의 시간―이 서로 겹쳐지고 있다. 그 시간들을 한계/절정의 몸들이 "죽을 둥 말 둥" 견뎌내고 있다.

특히 도심 속 극한의 더위를 표현하면서 "망할 꽃 망할 나라 망할 헬리콥터 망할 빌딩들"이라고 시인은 쓴다. 여름날의 이 한계의 몸의 감각에다 시인의 세계감(世界感)을 같이 담아낸 것이다. 마치 기형도 시인이 "그 여름"을 "검은 잎"의 시간, 즉 죽음의 시간으로 노래하였듯이, 시인은 지금 이 우리가 지나고 있는 정치 혹은 문명의 계절은 "사정"과 '헐떡임'의 시간, 어떤 극한의 시간으로 포착해낸다.

>
> 고무장갑이 힘없이 찢어져
> 고가도로를 달렸다
> 고무장갑이 녹아서
> 하던 걸 멈추고 여름이 지났다
> 과도하게 속도에 집중했다
> 끈적거리며 빨간 손이 여기저기 묻었다

(중략)

고가도로가 사라지는 시절
구하는 일을 멈추고
나는 고무장갑을 사러간다
교차로를 지나며
높은 길들은 애초에 없던 것처럼

―「고가도로를 달렸다」

 더위에 고무장갑이 녹는 여름이다. "찐덕거리는 빨간 얼룩"과 함께 녹아버린 고무장갑처럼, "한때는 없으면 도심이 무너질 것 같았던 기둥"이었으나 "애초에 없던 것처럼" "사라지"는 고가도로처럼, 뭔가 잘못되었다는 느낌이 역력하다. 다른 것을 개발하다 우연히 만들게 된, "잘못 구한 물건"(고무장갑)이나 "오래전 신들이 떠나간 자리"(고가도로)라는 대목에서 연상할 수 있는 것처럼 이들은 구원의 실패, 혹은 중단의 흔적이다.
 이 두 편의 시들은 서로 다른 것들을 겹쳐놓고 이중화함으로써 여름날의 풍경 몽타주를 완성한다. 그 완성된 그림은 세계의 '망함'이나 구원의 실패, 즉 파국의 기미를 함께 품고 있다. 김선미 시인에게 이 여름의 시편들은 불길한 징조가 드리워져 있는 비관적 세계도인 것이다.*

녹색의 광기, 과잉의 미학

여름의 리듬, 여름의 온도와 그것을 견디는 몸의 감각에 이어, 이번에는 여름의 색채가 우리를 사로잡는다. 녹색의 색채 이미지가 주를 이룬다. 특히 번성하는 식물들의 이미지를 통하여 그러한 심상이 강렬하게 제시되고 있다. 그 번성은 마지막, 즉 죽음을 향해 달려가는 충동 내지 광기를 닮아 있다.

> 달개비를 나눠 가졌다 싹을 갖춘 비밀처럼, 마디를 똑똑 분지르며 고개를 끄덕이며 흙 묻은 손가락에도 밤이 왔다
>
> 비밀은 풍성해져야 하는 것 사람들은 마스크를 쓰

---

* 이 시는 질식의 시절(박근혜 정부), 즉 세월호(2014. 4. 16.) 이후의 날들에 쓰인 시일 수도 있겠다.

고 다녔고 그것은 아무 곳에나 절로 번성했다

　기는줄기는 은밀해서 좋다 마을에서 멀어서 좋다 총을 갈겨도 소리가 나지 않는다

　달개비에게 엄마는 없고 아버지도 없고 형제가 형제를 낳고 그 형제는 또 형제를
　지구 끝까지 마스크 쓴 형제를 낳고 무수한 달겨드는 형제들에 둘러싸인, 친절

—「기는줄기」 부분

　달개비의 줄기가 뻗어 나가는 이미지는 "마스크를 쓰고 다"니는 사람들이 늘어나는 모양과 겹쳐진다. 즉 "비밀"의 기운 내지 "친절"을 가장한 채 서로에게 잔인한 행동을 하는 반어적 "형제애"가 기는 줄기처럼 뻗어 나가는 것으로 표현된다.
　또 온 세계가 녹색으로 불타는 듯한 번성의 이미지를 담고 있는 「농번기」를 읽어보자. 그것은 녹색의 광기가 지배하는, 과잉의 세계다.

협박하지 말아요
초록으로
초록은
당신의 창고에도 있고
마당에도 있고
들판에도 있어요

미쳐간다는 건
나무처럼
풀처럼
초록을 갖는 거예요

죽으려던 건 아니었어요 선생님 전 초록을 혀 끝에 댔을 뿐이에요

(중략)

불이 번져가요 골목을 뛰어다니는 개털에도 밭둑을 지나 개천으로도 바람을 따라 온 마을이 미쳐가요

―「농번기」 부분

  통제되지 않는 어떤 광기에 이 세계가 휩쓸리는 장면이다. 이러한 과잉의 미학을 보여주는 또 다른 시 「내 머리는 자주 넘어진다」에서 "스콜"은 "한 번에 내리꽂는" "홍건함"이다. 마치 "깨진 해골에서 번진 물이 계단의 목을 따라 꺾"이듯, 계단을 비롯하여 "어디든 들이받"고는 다시 튀어 올라 "왕관 모양으로 피었다 사라진다". 불(「농번기」)와 물(「내 머리는 자주 넘어진다」)의 과잉의 힘은 오늘날 세계를 지배하는 죽음충동*의 유비로 읽힌다. 무엇이나 과도하게 투입되고 산출되는 성장과 소비 지상(至上)의 시대가 아닌가. 우리는 그 절정을 지나는 중인지도 모른다.

---

* 지젝은 프로이트의 개념인 죽음충동(death drive)을 재해석한다. 이는 죽음으로 이끌리는 자기 파괴의 충동을 뜻하는 것일 수도 있지만, 반대로 죽음도 불사하고 자기를 생성해나가는 충동이기도 하다. 다시 말해 지젝은 이 죽음충동을 혁명적 방향으로 끌고 가고자 한다. 여기에서는 죽음충동을 부정적인 것으로 해석하였다. 가령 현대 사회를 지배하는 자본의 욕망이나 그것이 부추기는 상품의 소비에서 죽음충동을 읽어낼 수 있다.

여분의 시간, 잔혹한 성장

 김선미 시인이 이러한 여름의 이미저리(imagery)를 통하여 또한 인상적으로 포착해내고자 하는 것은 다름 아닌 인생의 여름, 성장기의 잔인한 고통이다. 시인은 이러한 성장 잔혹사에 관심이 많아 보인다. "자라날 때마다 나는 나의 형태를 갖추었지만 그건 점점 아닌 것이 되는 일이었다"(「非子」)는 자기 고백이 암시하듯, 성장은 언제나 자기 배반의 성격을 지닌다는 것을 시인은 잘 알고 있다.

> 갇혀 있는 물은 내부에서 길을 잃는다 서성인다 오랫동안 눈도 껌뻑이지 않고,
>
> 친구 수빈이는 '내 동생은 아직 좀 모자란 아이인 채로 있잖아'라고 한다 나는 아직도 마을버스를 자주 놓치는 언니가 죽이고 싶도록 밉고
>
> 엄마들은 대체로 바쁘다
>
> 산불이 나길 기다리거나 가뭄이 들어 바닥을 드러

내거나 아니면 홍수가 나 넘쳐흐르기를

　　　저수지에 앉아

　　　쉽게 바닥을 드러내거나 넘치면서 바깥을 자처한,
명명백백한 혼의 감정들
　　　우리는 서로의 싸대기를 때리며 놀고

　　　친구는 대야에다 종일 동생을 퍼내고 나는 종일
언니를 붓는다

　　　나는 물이 무섭다

　　　　　　　　　　　　　　　　―「산불진화훈련」 전문

　「산불 진화훈련」은 "가뭄이 들어 바닥을 드러내거나 아니면 홍수가 나 넘쳐흐르기를" 바라는, 내적인 과잉으로 점철된 아이들의 세계를 그린다. 그것은 그러한 불안이나 내면의 두려움, 즉 "혼의 감정들"을 "명명백백"하게 드러낸다. 이 시를 비롯하여, 김선미 시인이 즐겨 아이의 발성을 차용하는 것은 그 목소리를 빌려옴으로써 존재가 필연적으로 마주하는, 혹은 이 세계/지금 이곳에 특유한 불안의 감정을 잘 드러내기 위해서이기도 하다.

    옆구리운동을 시키고 선생님은 여름을 기다리라고 했다

    우리는 두 팔을 들고 여름이 올 때까지 서 있었다
여름이 오게 해 달라고 기도했다

    옆을 치고 오르는 것들을 경계하며 속성이 생겨났다

    팔을 내리라는 말도 없이 선생님은 떠나갔다

    여름이 오기 전에 옆이 흘렀고 여름이 지나도록 우리는 아무도 팔을 내리지 못했다

―「옆구리운동」 부분

"여름을 기다리라고", "여름이 올 때까지", "여름이 오게 해달라고", "여름이 오기 전에", "여름이 지나도록"이라는 구문들의 반복이 길고 지루한 시간의 흐름을 암시한다. 지금까지 시인의 시 세계에서 여름의 시간에 결부되어온 절망, 불안 등의 감정에 권태가 추가된다. 어떤 억압감에 의해 "우리는 아무도 팔을 내리지 못"한 채 그 지루한 시간을 버틴다. 성장기는 그러한 권태와 잉여(剩餘)를 견디는 고통의 시간이다. 성장은 싱그럽지만은 않은, 무언가를 끊임없이 견디는 것으로 그려진다. 아이들은 언제나 무언가 버티는 중이다. 흘러넘치는 것을, 혹은 흘러넘치지 못하는 지루한 시간을 버티고 있다.

이 여름을 보내는 동안 "옆"의 성장이 이루어진다. 팔을 든 채 "옆을 치고 오르는 것들을 경계하며" 자기 자신을 만들어나간다. 또 "옆이 뜨거워져 나는 옆을 만지고/쓴맛이 나는 옆은/시끄럽고/기관들을 늘려간다". 그 안에는 "공기가 빵빵히 들어찬 공기주머니"가 자라난다. 그리하여 "아무도 시키지 않아도 두 팔은 내려오지 않고/세상의 물고기들은 모두 모로 누워 다닌다". 성장의 내용 역시 존재 내부의 공백의 생성이라는 것은 의미심장하지 않을 수 없다. 자기 안의 허무를 키워나가는 것, 그리고 그것을 엿보는 것, 그것이 시인이 말하는 일생의 여름의 과업인 것이다.

    아가위나무에 꽃이 피었다 집니다 아가위나무는
잎을 늘려갑니다 태풍이 몇 차례 지나갑니다
    헛구역질이 늘어가고 먹고 싶어지는 게 많아집니다

    손톱은 길어지고 손의 길이를 늘려놓습니다 손톱
이 부러지면 손의 길이가 짧아집니다
    그럴 때마다 하늘이 아슬아슬해집니다

    입을 굳게 다물고 우리는
    주머니에서 목이 굵어집니다
    고요하게 서로의 목소리를 생산하고 있습니다

―「숲」부분

  어린 사랑과 성장의 이미지가 한데 있다. 자기 안의 빈 곳을 발견하는 성장의 의미를 아름답게 담아낸 시편이다. "손이 잡고 싶어져" "헛배가 부"르는 "주머니", 헛구역질과 배고픔, 이 역시 존재의 빈칸들이 생겨나는 과

정일 것이다. 헐거운 주머니나 텅 빈 배를 의식하는 것은 자신의 '공기주머니'를 들여다보는 일과 다르지 않기 때문이다. 이렇게 "태풍"과도 같은 내면의 요동, 자신이 커졌다 작아졌다 하는- 손의 길이가 길어졌다 짧아졌다 하는- "아슬아슬"한 자의식의 곡예를 겪기도 하면서, "헛배"가 부르고 존재가 "부풀어 오르는" 충족되지 않는 욕망의 자리를 깨달으면서 존재의 성장은 이루어진다. 점차 "목이 굵어"지며 "서로의 목소리"를 내게 된다. 김선미 시인은 음울한 세계도와 함께, 존재의 비밀을 담아낸 눈부신 투시도까지를 우리에게 보여주고 있는 셈이다.

그리고, 새로운 박자

막다른 박자에 곧 이르게 되면 우리는 또 새로운 박자를 이어갈 것을 예비해야 한다. 그것 역시 아이들을 통하여 이루어진다. 그리하여 마지막 박자가 지나기 전에, 새로운 박자들이 태어나고, 그리하여 세계의 리듬은 연속되는 것이다. 이것이 이 시집의 세계 속에 숨어 있는 구원의 리듬감일 것이다. 우리는 마치 두꺼비집이 허물어진 자리에서 다시 누군가에 의해 새 집이 지어질 것을 믿는 해변의 연인들처럼, 다음 박자에 귀를 기울인다. 함부로 튀는 참욋물과 그 얼룩, 그 익숙한 과잉의 박자 속에서 새로 태어나는 청신한 박자를 기다리며.

참외를 따와 수돗물을 틀어놓고 씻는다 참외에서 부딪친 노란 물이 천지사방 튄다 장독대로 튀고 오리에게 튀고 내 얼굴에도 무릎에도 튀고 가슴에 제멋대로 튄 얼룩같이, 간밤에 쌍꺼풀 없는 아기가 태어났다 누구도 닮지 않은 아이 나는 두 손에 빗물처럼 아이를 받아들고 한 방울씩 밑으로 빠져나갈까 봐 두 손을 오므리고 오므리고

―「여름 2」 전문

포지션 詞林 002
마가린 공장으로 가요, 우리

펴낸날 | 2017년 7월 15일

지은이 | 김선미
펴낸이 | 차재일
책임편집 | 이용헌
펴낸곳 | 포지션
등록번호 | 제2016-000118호
등록일자 | 2016년 4월 12일
주소 | 서울시 마포구 대흥로8길 26, 201호
전화 | 010-8945-2222
전자우편 | position2013@gmail.com

ⓒ 김선미, 2017

ISBN 979-11-961370-0-7 03810

값 10,000원

* 이 책의 전부 또는 일부 내용을 재사용하려면 반드시 지은이와 포지션의 서면 동의를 받아야 합니다.